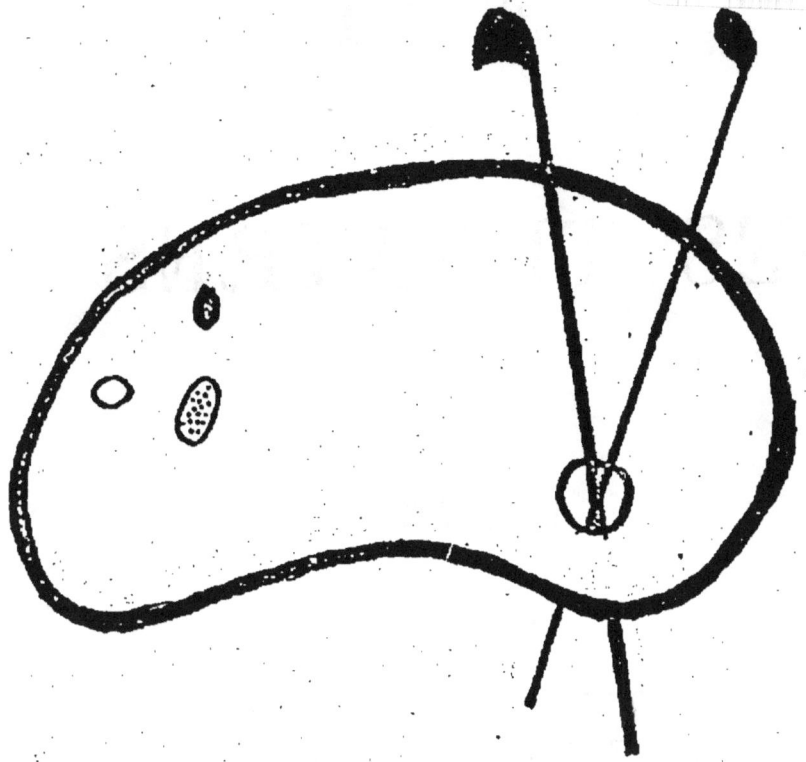

DEBUT D'UNE SERIE DE DOCUMENTS
EN COULEUR

L'ÉTAT
ET
LES THÉATRES

PAR

ROUXEL

1. PRIVILÉGES. — 2. SUB-
VENTIONS. — 3. GRA-
TIFICATIONS. — 4. PRIX
DES PLACES. — 5. DROIT
DES PAUVRES.

PARIS
BAUR, LIBRAIRE-EDITEUR
11, RUE DES SAINTS-PÈRES, 11.
—
1877

DU MÊME AUTEUR

HISTOIRE POLITIQUE

DES

ÉCOLES DE MUSIQUE

TROISIÈME ÉDITION

PARIS. — IMP. CH. NOBLET, RUE CUJAS, 13. — 1625

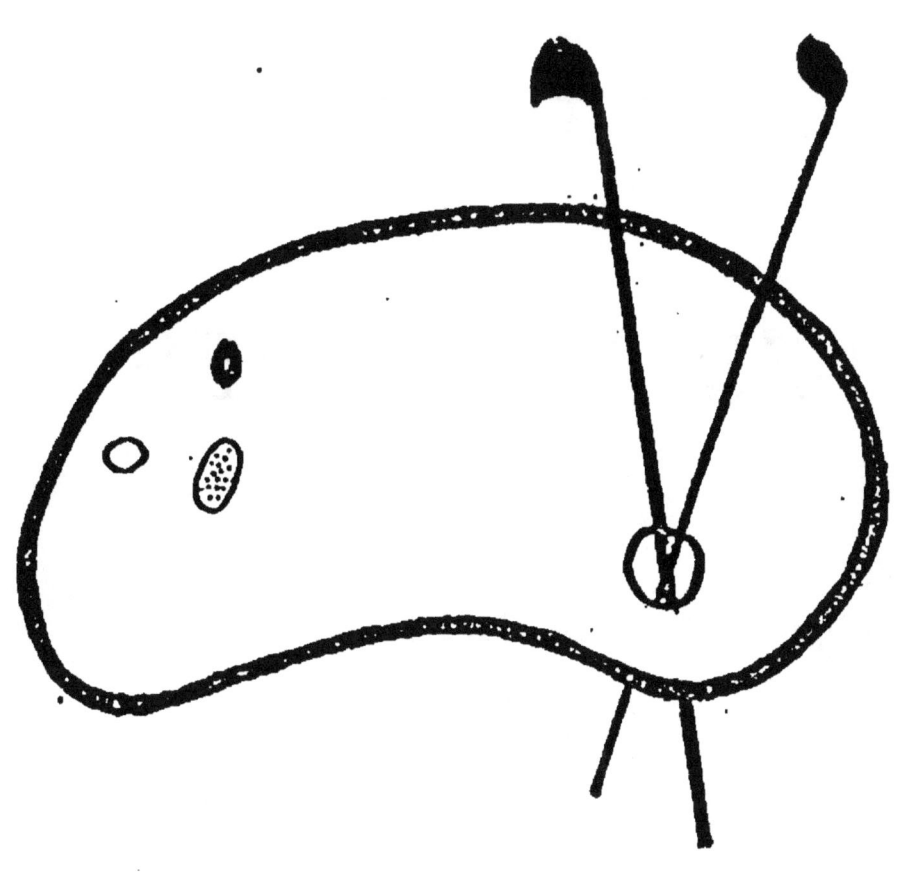

**FIN D'UNE SERIE DE DOCUMENTS
EN COULEUR**

L'ÉTAT

ET

LES THÉATRES

PAR

ROUXEL

1. PRIVILÉGES. — 2. SUB-
VENTIONS. — 3. GRA-
TIFICATIONS. — 4. PRIX
DES PLACES. — 5. DROIT
DES PAUVRES.

PARIS
BAUR, LIBRAIRE-ÉDITEUR
11, RUE DES SAINTS-PÈRES, 11.

1877

TABLE DES MATIÈRES

Ch. I. — *Priviléges.* 1. Premier privilége; ses effets. 2. Suppression du privilége; ses effets. 3. Rétablissement du privilége; ses effets.

Ch. II. — *Subventions.* 1. Loin de remédier aux mauvais effets du privilége, elles les augmentent. Preuves de raison. 2. Preuves de fait. 3 Classique.

Ch. III. — *Gratifications.* 1. Les gentilshommes modernes. 2. Effets des gratifications. 3. Remède. 4. Gratifications aux artistes. 5. Résumé de la protection.

Ch. IV. — *Prix des places.* 1. Au moyen âge. 2. Au théâtre des Confrères. 3. Au dix-septième et au dix-huitième siècle. 4. Depuis l'établissement des subventions.

Ch. V. — *Droit des pauvres.* 1. Au moyen âge. 2. Premier droit des pauvres. 3. Sa suppression. 4. Son rétablissement définitif. 5. Il suppose des profits. 6. Il suppose le privilége. 7. Le privilége supprimé, il est inique. 8. Est-ce un impôt somptuaire? 9. C'est le public qui paie.

Conclusion.

INTRODUCTION

Dans l'*Histoire des Ecoles de musique*, j'ai fait voir que la protection de l'Etat, loin de leur être utile, comme on l'a cru jusqu'à ce jour, ne peut que leur nuire. Je me propose de montrer que cette protection, sous quelque forme qu'elle se présente, n'est pas moins nuisible au théâtre.

Ici ma tâche est plus facile, car, à côté des théâtres protégés, il en a presque toujours existé de non protégés et même de persécutés, qui permettent de faire le parallèle des uns avec les autres; tandis que les écoles libres ne peuvent guère subsister à côté des écoles protégées, et que, si elles subsistent, il est plus difficile de distinguer lesquelles font bien ou lesquelles font mal. C'est donc avec une plus grande confiance, non dans mon talent, mais dans l'impartialité du lecteur, que j'aborde ce nouveau sujet.

On trouvera peut-être singulier que, combattant la protection sous toutes les formes, je ne dise rien des persécutions, de la censure. La raison en est que je n'y vois qu'une utilité très-secondaire; le mal que fait le pouvoir par ses persécutions est si petit qu'il ne vaut pas la peine qu'on s'en occupe; c'est un enfant qui frappe sa nourrice, il se fait plus de mal qu'à elle ; d'ailleurs, la censure tire son origine de la protection, elle ne tombera pas avant celle-ci, mais elle ne lui survivra pas. Il n'en est pas de même du droit des pauvres, il survit à son principe, le privilége, c'est pourquoi j'ai cru devoir en dire quelques mots.

Je pense qu'il est inutile de parler de l'importance de mon sujet, qui ne voit qu'il intéresse tout le monde, et même ceux qui ne vont pas au théâtre plus que tous les autres, puisqu'ils sont obligés de payer les subventions quand même.

L'ÉTAT ET LES THÉATRES

I. — § 1. *Priviléges.*

1. Au moyen âge, l'Etat ne s'occupait point des théâtres, si ce n'est quelquefois pour les persécuter ; le premier privilége date du 4 décembre 1402. Pour bien se rendre compte de ses effets, il faut : 1° comparer le théâtre de cette époque avec celui qui l'a suivi, afin de voir s'il y a progrès ou décadence ; 2° voir si le privilége est la cause de ce progrès ou de cette décadence. C'est ce que nous allons faire.

L'histoire du moyen âge est assez connue aujourd'hui pour qu'il soit inutile de s'y étendre ici ; nous ne sommes plus au temps où les travaux de l'abbé Lebeuf, des frères Parfaict et d'autres érudits passaient presque inaperçus ; la plus grande partie du public connaît, au moins en abrégé, les travaux des Magnin, Jubinal, Monmerqué, A. Royer, etc. ; je me bornerai donc à quelques citations de ces auteurs pour ceux qui ne les connaîtraient pas, les renvoyant aux sources pour plus amples détails.

1° *Littérature théâtrale.* « Jusqu'à la fin du dou-

« zième siècle, point de traces de théâtre en langue
« vulgaire dans un autre pays que la France. »
(Royer, *Hist. univ. des Th.*, I, p. 126.) La France
a donc été la première de l'Europe à avoir sa littérature et son théâtre. « Nous n'étions point délicats,
« dit Beauchamp, mais nous étions naturels. »
(*Rech. sur les Th. de France*, t. I, p. 361.) C'est
peut-être la meilleure délicatesse.

Après le privilége, tout change. « Les premiers
« mystères sont les meilleurs, et ceux qui ont con
« stitué la forme et le fond du théâtre des Confrères;
« on y trouve des situations ménagées avec art, et
« des morceaux de versification très-poétiques. »
(Parfaict, *Hist. du Th. fr.*, t. I, p. xv.) D'après
M. A. Royer (*op. cit.*, I, p. 270), les mystères du
quinzième siècle, publiés par Jubinal, ne donnent
rien qui approche du *Mystère de la Passion*, et des
autres du quatorzième siècle ou antérieurs. « Les
« auteurs du seizième siècle veulent se draper dans
« le pallium ou dans la toge, mais ce sont des vête
« ments romains et grecs pris à la friperie italienne.
« Non-seulement il n'y a pas de progrès, mais il y
« a un recul par delà le théâtre des miracles de
« Notre-Dame, qui datent pourtant du quatorzième
« siècle » (t. I, p. 402). « Nous sommes bien plus
« loin du but que nous ne l'étions au quatorzième
« siècle. Toute espèce de création originale a dis
« paru » (t. II, p. 96).

2º *Musique au théâtre.* Nous avons vu, dans l'*Histoire des Écoles de musique*, que la décadence ne
fut pas moindre en musique qu'en littérature. Au

moyen âge, la musique tenait une grande place dans les représentations théâtrales, comme cela doit être.

Après le privilége, on ne sait pas ce qu'elle devient, il n'est plus question que du *Te Deum* qui se chante à la fin des représentations. « Pourquoi la « France, après avoir créé l'opéra biblique, la féerie « et la comédie à ariettes, ne continua-t-elle pas de « s'engager dans la voie féconde qu'elle avait ou- « verte? » (Chouquet, *Hist. de la Mus. dramat. en France*, p. 39.)

3° *Mise en scène*. La mise en scène n'a qu'une importance secondaire; elle pourrait être inférieure à la littérature et à la musique sans grand inconvénient. Mais celle du *Mystère de la Passion* (1), celle du drame d'*Adam* (2), etc., nous prouvent qu'on n'exagérait rien, mais qu'on ne négligeait rien, et que l'art des machines n'était point inférieur à la littérature et à la musique. Ne parlons pas des entrées des rois racontées par Froissart et Juvénal des Ursins; à cette époque, la décadence se fait déjà sentir; les spectacles de l'esprit et du cœur sont remplacés par les spectacles des sens.

Après le privilége, les machines suivent la littérature; en 1547, les Confrères ne peuvent plus faire descendre le Saint-Esprit, ni faire sortir Jésus-Christ du tombeau, ce qui donne matière à hérésie, et motive l'arrêt du Parlement qui interdit la repré-

---

(1) V. Parfaict, *op. cit.*; Em. Morice, *Essai sur la mise en scène*, et surtout A. Royer, *op. cit.*
(2) Publié par Luzarches. Tours, 1854.

sentation des mystères; et lorsque Louis XIV veut relever cette branche du théâtre, il est obligé de faire venir deux machinistes de Modène.

La décadence de la prétendue Renaissance est donc manifeste sous tous les rapports. Il est vrai qu'elle ne s'est pas fait sentir subitement (ce n'est qu'après une agonie d'autant plus longue que les arts étaient plus prospères, qu'ils finirent par s'éteindre), mais elle est assez sensible pour ne pouvoir être contestée.

Le privilége en est-il la cause? Il est certain qu'il n'était point nécessaire au progrès, puisque, sans lui nous étions de tous points les plus avancés de l'Europe; or, en toutes choses, le commencement est le plus difficile.

La nature humaine étant *gagner le plus en dépensant le moins possible*, il est vraisemblable que les privilégiés, n'ayant pas à craindre la concurrence, chercheront leur intérêt plutôt que celui de l'art.

Enfin le texte même du privilége prouve qu'il n'a point été donné dans l'intérêt de l'art, mais dans celui des Confrères : « Nous voulons et désirons le « bien, proufit et utilité de ladite confrarie, et les « droits et revenus d'icelle être par nous accrus et « augmentés de grâces et priviléges. »

2. Si ces raisons ne suffisent pas pour nous convaincre de la nuisibilité du privilége, suivons l'histoire, et voyons les effets de sa suppression.

Les Confrères de la Passion conservèrent le monopole du théâtre jusqu'à Henri IV. Sous Henri III (1577), ils voulurent, avec l'aide du Parlement et comme c'était leur droit, empêcher les comédiens italiens de jouer à Paris, comme ils en empêchaient les français, et il ne fallut pas moins que l'intervention du roi pour lever cette interdiction.

Sous Henri IV, ils voulurent encore empêcher le Théâtre de la Foire et celui du Marais, mais le roi ne leur permit que de lever un droit sur les autres théâtres, et non de les empêcher de jouer. Le privilége fut maintenu, mais le monopole fut supprimé.

Enfin sous Louis XIII (1612), les comédiens demandèrent la suppression du privilége des Confrères, et en 1629 elle leur fut accordée. (Parfaict, t. III, p. 224 à 276.) C'est en cette même année (1629) que Corneille débute à Paris par *Mélite;* en 1636, il donne le *Cid*. Il est suivi ou plutôt accompagné de Molière, Quinault et Racine.

La musique commençait aussi à renaître, nous étions encore supérieurs aux Italiens (V. *Hist. des Ecoles de musique*, ch. VII); on avait déjà donné des représentations en musique différentes fois, avant que Perrin donnât sa *Pastorale*.

En un mot, nous avons la vraie Renaissance: tout le monde est trop d'accord sur ce point pour qu'il soit utile de s'y arrêter.

Avec la liberté, nous aurions fini par redevenir nous-mêmes, par reprendre le fil rompu depuis le quinzième siècle, par nous affranchir du joug des Grecs imposé par la *Renaissance*, et qui fit tant de tort au génie de Corneille. (V. A. Royer, t. III, p. 96.)

3. Mais Louis XIV donne le monopole de la musique à l'Opéra (1669), et celui du théâtre à ses comédiens ordinaires (1680), et tout retombe en décadence. Racine donne sa dernière pièce (*Phèdre*) en 1677; après lui, non-seulement il ne paraît plus de bons auteurs dramatiques, mais deux ans après le rétablissement du privilége, soit que la Comédie Française ne fît plus ses affaires, quoique antérieurement il y eût place au soleil pour plusieurs théâtres, soit pour établir la coutume qui s'est perpétuée en France, de donner des pensions à ceux qui n'en ont pas besoin, le grand roi fit une pension de 12,000 livres à la Comédie Française.

Louis XIV avait pourtant donné le privilége dans l'intérêt de l'art : « Pour lui donner moyen de se « perfectionner, Sadite Majesté veut que sa seule « troupe puisse représenter dans Paris. » Lorsqu'on voit Lulli se faire 800,000 livres en quinze ans, et surtout lorsqu'on voit les trafics de ses successeurs (1), il ne paraît guère que le privilége pût profiter à l'art; mais je dis plus : ce fut là précisément la cause de tous les abus qui se produisirent. En effet, c'est pour que le privilége profitât à l'art

---

(1) Francine, gendre et successeur de Lulli (car le privilége était héréditaire), après avoir fait de mauvaises affaires, s'adjoint des capitalistes, et aussitôt qu'ils ont versé leurs capitaux, il les évince. Il revend à Pécourt et Belleville, dépossède ensuite ces acquéreurs pour revendre encore à Guyenet, toujours avec approbation du roi, sans cela, dans tous les pays du monde, un Francine serait justiciable des tribunaux. Les successeurs de Francine ne lui furent pas inférieurs. (V. Castil-Blaze, l'*Acad. de mus.*)

que l'on confia la haute régie des théâtres aux gentilshommes de la chambre.

Les conséquences de l'ingestion des gentilshommes dans les affaires théâtrales furent : 1° les pensions aux anciens directeurs, à leurs veuves, et même aux maîtresses de gentilshommes (1); 2° les entrées de faveur pour les gentilshommes et les abbés; 3° l'obligation pour les directeurs de jouer les pièces des auteurs protégés, quelque médiocres qu'elles fussent, tandis que les auteurs non protégés, quel que fût leur talent, ne pouvaient pas aborder le théâtre; 4° l'obligation d'engager et de bien payer des actrices incapables, mais protégées, et de supporter les caprices et les maladies vraies ou feintes de ces *gentilshommesses*.

Si toutes ces choses ne sont pas propres à remplir la caisse d'un théâtre, elles le sont bien pour éloigner le public; il n'est donc pas étonnant qu'avec un pareil système, l'Opéra fît des dettes.

Pour y remédier, on imagina de faire payer « une redevance aux demoiselles qui désiraient se « faire connaître en se montrant sur la scène de « l'Opéra. » (Malliot, *la Musique au théâtre*, p. 55.) On transforma ainsi l'Académie des *Beaux-Arts* en Académie du *Beau-Lard*.

Cependant, le mal allait toujours croissant, les faillites se succédaient; le gouvernement, au lieu

---

(1) En 1698, 10,000 livres à la veuve de Lulli; en 1728, 18,000 livres à Francine; en 1731, 1,000 écus à la maîtresse du prince de Carignan, haut régisseur de l'Opéra; en 1747, 10,000 livres à Thuret, etc.

de supprimer les priviléges, établit les subventions (1777) (1).

II. — § 2. *Subventions.*

1. Les subventions ont-elles remédié au mal ? En le supposant, elles ne seraient pas encore justifiées, puisque, pour rendre le théâtre aussi florissant qu'au moyen âge, il eût suffi de supprimer le privilége ; mais le bon sens nous indique qu'elles ne peuvent que l'aggraver ; en effet, ou vous supprimez le contrôle des gentilshommes, et vous revenez au privilége des Confrères, avec cette seule différence qu'au lieu du monopole le privilégié a une subvention ; ou vous le maintenez, et les abus signalés ci-dessus persistent et même augmentent, car les parasites sont insatiables.

2. Si vous en doutez, suivez l'histoire du théâtre, vous verrez l'Opéra privilégié marcher de faillite en faillite, tout en ne faisant rien pour l'art. A côté de lui, vous verrez l'Opéra-Comique (Théâtre de la Foire) persécuté, d'un côté par l'Opéra pour le chant, de l'autre par la Comédie Française pour la parole [car les privilégiés sont comme le chien, qui ne mange pas de choux, et empêche la chèvre d'en manger (Montaigne)] ; obligé d'acheter de l'Opéra, moyennant une redevance de 35,000 livres, le droit de chanter ; vous le verrez, dis-je, faire néanmoins

(1) La première fut de 80,000 livres ; aujourd'hui elle est de 800,000 francs pour l'Opéra seul, et l'on ne sait pas où cela s'arrêtera.

ses affaires et amuser le public, de sorte qu'on serait presque autorisé à dire que la persécution est plus utile aux arts que la protection, surtout lorsque ensuite on voit ce même Opéra-Comique privilégié (1806) et subventionné (1807) ne plus rien faire, et devenir à son tour persécuteur du théâtre de la Renaissance.

Plus tard, vous verrez le Théâtre-Lyrique, exposé à fermer tous les jours (puisque l'Opéra et l'Opéra-Comique avaient le droit de lui prendre ses pièces et ses artistes si bon leur semblait), monter 132 pièces de 1847 à 1862 (1). Aujourd'hui il est subventionné; n'anticipons pas.

Mais, sans consulter l'histoire, contentez-vous de regarder autour de vous, vous verrez ce que font les théâtres secondaires. Tout est contre eux : ils ne sont point soutenus par l'Etat, fort heureux de n'en être plus persécutés; ils ont proportionnellement plus de frais et moins de recette que les grands; la concurrence qu'ils font aux théâtres subventionnés est donc très-inégale; eh bien, les théâtres secondaires montent toujours plusieurs pièces par an, et souvent avec succès, tandis que l'Opéra, avec ses 800,000 francs, n'en monte qu'une ou deux, et rarement vont-elles à vingt ou trente représentations.

Les petits théâtres auraient donc plutôt besoin de subvention que les grands, et la méritent mieux;

---

(1) Malliot, *op. cit.*, ch. V. Dans ce laps de temps, il a été fermé pendant trois ans, de 1848 à 1851.

mais voulez-vous les faire tomber? subventionnez-les, le moyen est infaillible.

3. On me dira : — Vous n'allez pas nous donner pour modèles les succès des petits théâtres. Les subventions ont pour but de faire jouer aux théâtres qui en jouissent les œuvres des grands maîtres ; de transmettre aux générations successives les grandes traditions de l'art tant lyrique que dramatique.

Je conviens que les petits théâtres laissent à désirer, mais à qui la faute? Ne serait-ce point la protection qui aurait corrompu l'art? Si, dans les conditions d'inégalité où ils se trouvent, les petits théâtres réussissent, que ne feraient-ils pas s'ils étaient libres? Cependant, tels qu'ils sont, ils valent mieux que les grands à tous les points de vue. « En
« définitive, de quoi est-il question ? d'amuser le pu-
« blic, et il sait à cet égard, mieux que personne,
« ce qui lui convient... Soyons de bonne foi, un
« homme qui a passé la journée dans les occupa-
« tions de son état, va chercher au théâtre des dis-
« tractions, et non pas un nouveau travail. » (Henin, *Des théâtres et de leur organisation légale*, p. 45 et 46.)

Que font donc les théâtres subventionnés? La meilleure preuve qu'ils ne font qu'empêcher le progrès, c'est que les opéras étrangers, à peu près seuls, réussissent; et cela, parce que, grâce à la protection, l'art reste stationnaire en France; nous rampons pendant que les autres marchent; un beau jour ils regardent en arrière, nous jettent un de leurs os à ronger, emportent notre argent, et puis nous retombons dans notre somnolence.

Au reste, l'obligation de jouer les œuvres des grands maîtres, loin d'être une charge, est un avantage, et devrait plutôt entraîner redevance que subvention, car c'est un succès assuré avec moins de frais pour ces théâtres; mais, outre que cette raison ne subsiste plus depuis la suppression des répertoires (1866) et que, si on voulait encore l'invoquer, il faudrait subventionner tous les théâtres qui joueraient le classique, je ne vois pas l'utilité de ce classique. Le théâtre reflète les mœurs et doit tendre à les corriger; son principal mérite est donc dans l'actualité; lorsque l'effet moral qu'il se propose est produit, il peut encore amuser, mais il ne profite plus à personne. Le classique n'a donc, le plus souvent, aucune signification morale, *a fortiori* n'a-t-il aucune signification politique, car la politique est encore plus d'actualité que la morale; il est plus facile de changer le gouvernement que de changer les mœurs. Encourager le classique, ce n'est donc pas travailler pour l'avancement de la morale et le perfectionnement de l'humanité. D'ailleurs, je ne sais pas trop ce que signifie ce classique, qui consiste, le plus souvent, à jouer les auteurs après les avoir laissés mourir dans la misère, pour y laisser maintenant les vivants qui, sans doute, deviendront classiques aussi... après leur mort.

En tout ceci je suppose que les théâtres protégés conservent en effet les bonnes traditions, et que, sans eux, elles ne se conserveraient pas, bien que l'histoire nous prouve le contraire; le *Mystère de la Passion* s'est joué dans toute l'Europe, pendant plusieurs siècles et sans subventions.

Un directeur ne regarde pas si une pièce est ancienne ou nouvelle, mais si elle attire le public, souverain juge. Si le classique est beau, le public n'y fera pas défaut. S'il ne lui plaît pas, à quoi bon le jouer?

III. — § 3. *Gratifications.*

1. On objectera peut-être que les abus que je signale n'existent plus, qu'il n'y a plus de gentilshommes ou qu'ils n'ont rien à voir dans l'administration des théâtres, et qu'en conséquence les subventions profitent à l'art.

Ne nous y trompons pas, partout où il y aura protection de l'Etat il y aura des parasites, comme des mouches sur le miel. Si vous en doutez, lisez l'*Art musical* du 12 octobre 1876 : « Ce directeur (le
« subventionné) est bien vite entouré d'une cour
« d'auteurs ayant chacun quelques actes en poche.
« Parmi ces auteurs, il y a des journalistes à cheval
« sur de bons feuilletons. Ils font feu de toutes
« pièces pour aider l'impresario paternel qui doit
« jouer leurs œuvres... les nullités deviennent des
« idoles... L'impresario mange son blé en herbe...
« Quant aux auteurs soutiens de l'édifice, le jour où
« le directeur ne peut les jouer, il devient un in-
« grat, un ennemi, un pleutre... »

On voit que les gentilshommes d'aujourd'hui sont

les *chevaliers du feuilleton* (c'est un journaliste même qui le dit); que les subventions sont « la base « d'aventureuses spéculations pour lesquelles le « principal intéressé a besoin de l'appui coûteux « d'ambitions insatiables... qu'il ne peut pas tou-« jours jouer ce qu'il veut, qu'il est obligé de jouer « ce qu'on lui impose... plus ou moins amicale-« ment. » De sorte qu'avant de jouir de la subvention il pouvait bien faire, mais qu'après il ne le peut plus. C'est effectivement ce que le bon sens et l'histoire nous apprennent.

2. Pour remédier à ces inconvénients, M. Escudier (*Art musical*, 8 juin 1876) demande que les subventions soient changées en gratifications, c'est-à-dire données pour les services rendus, et non pas pour les services à rendre.

Les gratifications seraient la corruption définitive du théâtre, et par conséquent de la morale; les uns flatteraient le pouvoir pour obtenir les gratifications; les autres, pour s'attirer la partie mécontente du public, c'est-à-dire le plus grand nombre, renonceraient aux gratifications et combattraient le gouvernement à outrance. Le théâtre deviendrait ainsi une arène politique, un moyen de popularité dont on se servirait pour arriver aux places et aux honneurs, et bientôt il ne faudrait plus aux Français, comme aux Romains de la décadence, que *panem et circenses*.

Mais en supposant que cela n'ait pas lieu, que le pouvoir soit assez puissant sur lui-même pour être insensible aux flatteries des uns et aux épigrammes des autres (ce qui serait lui accorder une vertu bien grande et bien rare), en supposant même que le théâtre puisse ne pas s'occuper de politique, il faudrait encore renoncer aux gratifications; en effet, en récompensant le succès vous ne récompenserez pas toujours le mérite ; il n'y a pourtant pas d'autre moyen de juger avec impartialité du mérite.

3. Je pense qu'il est inutile de discuter le projet de M. Escudier : « L'Etat nommera un jury de dix « ou douze membres qui, à la fin de chaque année, « répartira la somme votée selon le mérite de cha- « cun des directeurs appelés à se partager ce capi- « tal... Ce jury devra être pris en dehors du monde « des théâtres; nul compositeur, nul auteur dra- « matique n'en devra faire partie. » Il est trop visible que ce jury pris en dehors du monde des théâtres, et placé entre l'Etat et les directeurs concurrents, ne peut être ni compétent ni impartial.

Le succès porte sa récompense avec lui. Le directeur qui monte une bonne pièce et la monte bien en est naturellement récompensé par l'affluence du public. Cela ne suffit-il pas? Celui qui échoue a souvent pris plus de peine que l'autre, et peut ne devoir son insuccès qu'à une circonstance imprévue et indépendante de sa volonté. Si vous récompensez le premier, vous rendez la concurrence trop inégale; si vous récompensez le second, vous l'encouragez à ne rien faire.

4. Les gratifications aux directeurs ne peuvent donc qu'être injustes et nuisibles à l'art. Il en est

de même des gratifications aux artistes. La faveur publique est bien suffisante pour récompenser les bons; quant aux mauvais, on peut les laisser garder leurs moutons ou les y renvoyer, ils y gagneront et nous aussi.

Mais si vous considérez comment est organisé l'enseignement, vous aurez plus lieu de vous étonner que, malgré lui, il se produise quelques artistes. Comment voulez-vous que, sans avoir étudié la vraie musique, c'est-à-dire la nature, avec des connaissances scientifiques et même littéraires très-bornées, et par cette seule raison qu'il a eu un prix d'harmonie au Conservatoire, ou même le prix de Rome, un musicien puisse du premier coup composer un opéra? Est-ce par là qu'ont commencé les Haydn, les Mozart, les Weber, les Meyerbeer, etc.?

Comment voulez-vous que, parce qu'il a passé quelques années au Conservatoire à copier plus ou moins mal son maître, comme dit M. A. Dumas, et se croyant par là dispensé d'étudier la nature, et d'écouter les conseils de ceux qui ont passé leur vie à l'étudier, un acteur puisse bien débuter sur un grand théâtre et par un premier rôle? N'est-ce pas le monde renversé? Que diriez-vous si l'on mettait un élève de Saint-Cyr à la tête d'une armée?... Il est pourtant plus facile d'apprendre la guerre dans le cabinet que le théâtre.

5. Enfin, même en supposant que les subventions et gratifications n'entraînent aucun des inconvénients que nous venons de voir, et qu'elles puissent produire tous les bons effets qu'on se propose,

il faudrait encore les supprimer : 1° par économie; en effet, les subventions et gratifications ne peuvent être considérées que comme un supplément au prix des places (1). La question se réduit donc à savoir si le public peut payer sa place ou non; *si le public doit dépendre du théâtre, ou le théâtre du public.* Dans un cas comme dans l'autre, en supprimant les subventions on économise les frais de perception. 2° Par équité; parce qu'il est élémentaire que tout impôt doit porter sur le consommateur; or, la grande majorité du public ne va pas dans les théâtres subventionnés, car malgré, ou plutôt à cause de la subvention, le prix des places est trop élevé.

IV. — § 4. *Histoire du prix des places.*

1. Si toutes ces raisons d'intérêt public ne suffisent pas pour faire renoncer à la protection de l'Etat, peut-être sera-t-il plus facile de le persuader en invoquant l'intérêt particulier. C'est pourquoi nous allons faire en quelques mots l'histoire du prix des places.

Au moyen âge, si les pièces étaient montées par

---

(1) Comment trouvez-vous cette manière de réduire le prix des places dans les grands théâtres ? Ne vous semble-t-il pas entendre le riche dire au pauvre : — « Je veux aller à l'Opéra, paie la moitié de ma place ? » — Si j'étais riche, je ne voudrais pas que les pauvres paient ma place au théâtre, et je ne mettrais jamais les pieds dans les théâtres subventionnés, lors même qu'ils auraient de meilleures pièces et de meilleurs artistes que les autres, ce qui est au moins discutable.

le public même, ce qui arrivait fréquemment, chacun y mettait du sien et s'y employait suivant ses moyens et ses aptitudes (voy. Jubinal, *Mystères inédits du quinzième siècle*, préface), et les représentations étaient gratuites.

Si une pièce était montée par une troupe de passage, la libre concurrence obligeait cette troupe à mettre les places au plus bas prix, et la grande affluence du public lui permettait de couvrir amplement ses frais en prenant un denier ou un liard au plus par personne.

2. Charles VI, en établissant le privilége, ne fixe pas le prix des places; mais l'exiguïté du local ne permettant pas à une grande foule d'y assister et la concurrence étant supprimée, il est vraisemblable que le prix des places fut élevé. Quoi qu'il en soit, en 1542 il n'était encore qu'à 2 sols tournois (voy. p. 29).

En 1577, tandis qu'on empêchait les Français de jouer, on le permit aux Italiens, qui prirent 4 sols par personne.

3. Sous Henri IV (1609), le prix des places fut fixé à 5 sous au parterre et 10 sous aux loges et galeries.

Comme Charles VI, Louis XIV, en établissant les priviléges, ne fixa point le prix des places. Il va sans dire que les académiciens et les comédiens ordinaires du grand roi ne jouaient pas pour le commun des mortels à raison de 5 sous; aussi, en 1699, trouvons-nous le parterre à 12 sous au Théâtre-Français; le droit des pauvres rétabli, le parterre monte à 18 sous; il va sans dire que les autres places s'élèvent dans la même proportion. (Voy. Auger, *Physiol. du th.*, t. III, p. 302.)

Quant à l'Opéra, « nous lui permettons de prendre du public telles sommes qu'il avisera, » dit le privilége. Je ne sais pas quel était le prix des places à cet heureux théâtre, et je n'ai point envie de le savoir. Quel qu'il fût, il ne l'a pas empêché de faire des dettes et d'absorber les subventions; cela se comprend, pour abuser le public et faire réussir les pièces des protégés, il fallut inventer toutes sortes de moyens, la claque, les réclames, etc. Il faut que tout cela se paie; mais le public a bon dos; il donnait bien dix millions de revenu aux maîtrises...

4. Depuis lors, le prix des places a toujours augmenté et la subvention aussi; à l'ancien Opéra, le parterre n'était encore qu'à 5 fr.; au nouveau, il est à 7 fr. 50, et l'on ne sait pas où cela s'arrêtera; mais il n'y a pas besoin d'être sorcier pour prédire que le prix des places augmentera en raison de la subvention, et qu'il faudra élever l'un si l'on ne supprime pas l'autre, lorsque la curiosité du public pour la nouvelle salle sera satisfaite.

Allez donc au théâtre, pauvres ouvriers et employés qui gagnez de 3 à 5 fr. par jour... vous n'en paierez pas moins les subventions. Et l'on vous dit que vous avez une âme... heureusement qu'elle est immortelle.

C'est ainsi que le peuple, privé du théâtre, qui est à la fois la meilleure école et la récréation la plus agréable, s'adonne à l'ivrognerie et aux autres vices.

V. — § 5. *Droit des pauvres.*

1. Au moyen âge, il n'y avait point de droits des pauvres sur le théâtre, par la bonne raison qu'il n'y avait point de pauvres (1). Le premier monument de la misère en France est la *Complainte du pauvrecommun et des pauvres laboureurs de France*, que l'on attribue généralement à Enguerrand de Monstrelet, qui pourtant ne la donne point comme sienne, ni même comme nouvelle; il suffit, en effet, de la lire pour voir qu'elle remonte plus haut, et que c'est le prélude de la Jacquerie; on y trouve :

« Hélas ! comment ces tailles grans
« *Qu'avez fait passa quinze ans*
« Par chacun ou trois fois ou deux
« *Et des monnaies les tombements,*
« Et les griefs de vos sergents, etc. »

J'ai dit qu'antérieurement à cette complainte il n'y avait point de misère; en effet, outre que les lois ne s'en occupent point, on trouve dans ladite complainte :

« Vivre ne pouvons *plus* ensemble...
« *Perdu* avons soulas et joie...
« Car *plus* n'avons ni blé ni vin... etc. »

(1) Dans toutes les anciennes lois françaises, depuis l'origine jusqu'à 1864, Isambert ne cite qu'un capit. de 805 « sur

Ce qui sous-entend qu'avant cette époque *nous pouvions vivre ensemble, nous avions blé et vin, soulas et joie*. On ne peut perdre que ce dont on jouit.

2. Le premier impôt sur le théâtre en faveur des pauvres date du 27 janvier 1541. Le Parlement motiva son arrêt sur ce que les représentations des Confrères, en détournant les fidèles de l'Eglise, diminuaient le produit des aumônes.

Si c'était là le vrai motif, on ne voit pas pourquoi on n'aurait pas établi cet impôt plus tôt, car il y avait longtemps que cet état de choses existait, et le clergé ne disait rien ; au contraire, il était le plus empressé d'aller au théâtre et même d'y jouer ; il avançait l'heure des vêpres pour n'y pas manquer. Il paraît donc vraisemblable que le clergé eut son intérêt en vue plus que celui des pauvres, et qu'il ne fit soumettre les Confrères à cet impôt que parce que leurs représentations donnaient matière à hérésie.

Quoi qu'il en soit, il est bon de remarquer que les Confrères qui gagnaient beaucoup d'argent (puisqu'on les impose à 1,000 livres tournois, ce qui ne les empêche pas, en 1548, de construire à leurs frais l'hôtel de Bourgogne), sont restés cent quarante ans avec leur monopole sans rien donner aux pauvres.

A partir de cette époque, le théâtre, continuellement persécuté par le clergé et le Parlement,

« la protection due aux pauvres contre les puissants. » Si le peuple eût été dans la misère, est-il possible d'admettre qu'il l'ait supportée si longtemps sans faire de jacquerie ?

tomba en décadence, et lorsqu'en 1572 le curé de Saint-Eustache, messire René Benoît, obtint que les Confrères n'ouvriraient leur théâtre qu'après vêpres dites, c'est-à-dire presque au moment où ils devaient le fermer, les Confrères, dans leur réclamation au Parlement, n'accusent plus que 300 liv. tournois de rente qu'ils paient aux Enfants de la Trinité, tant pour le service divin que pour l'entretien des pauvres. (Parfaict, t. III.) Il est même probable qu'ils exagéraient leur charité pour se rendre le Parlement favorable, car le privilége, renouvelé en 1548, ne parle plus du droit des pauvres, il dit seulement que la chapelle de la confrérie est entretenue par les Confrères. (Parfaict, t. II, p. 3.)

Après 1572, on ne voit plus de traces du droit des pauvres; il est vraisemblable qu'il tomba de lui-même, les comédiens étant les premiers pauvres, comme le prouve cette épitaphe de Mernable par Ronsard :

> Tandis que tu vivais, Mernable,
> Tu n'avais ni maison, ni table,
> Et jamais, pauvre, tu n'as veu
> En ta maison le pot au feu ;
> Ores, la mort t'est favorable,
> Car tu n'as plus besoin de table
> Ni de pot, et si désormais
> Tu as maison pour tout jamais.

En effet, en 1577 (20 décembre), les Confrères sont autorisés à jouer comme par le passé ; on leur enjoint de ne commencer qu'à trois heures, afin de ne pas gêner le service divin; on les rend responsables des scandales qui pourraient advenir, on prononce une amende de 1,000 liv. parisis contre ceux qui les troubleraient, mais on ne parle nullement du droit des pauvres. (Voy. Félibien, *Hist. de Paris*, t. V, p. 5 et 6.) L'édit de Henri IV (12 novembre 1609), qui entre dans tant de détails, et fixe le prix des places à 5 sous au parterre et 10 sous aux loges; la déclaration de Louis XIII (16 avril 1641) ne parlent point non plus du droit des pauvres; et, lorsqu'en 1699 Louis XIV le rétablit, le souvenir même de cette aumône forcée était perdu, car il n'aurait pas manqué d'invoquer les précédents s'il en eût eu connaissance.

3. Au dix-septième siècle, le théâtre se releva, et, libre, il n'attendit pas qu'on lui imposât le droit des pauvres, il fit l'aumône de sa bonne volonté. « Si les comédiens étaient charitables, c'était à leur « aise, et jamais par ordre. Ils ne mettaient que « plus d'empressement à l'être. On le sait par les « lettres que leur écrivirent quelques commu- « nautés religieuses, et aussi par les mentions « d'aumônes presque journalières qui se trouvent « sur le registre de la troupe de Molière tenu par « Lagrange. » (Ed. Fournier, *Théâtres et pauvres*, p. 6.).

On doit croire que les autres théâtres ne faisaient pas moins d'aumônes, car les cordeliers et les augustins n'auraient pas manqué de leur proposer pour modèle la troupe de Molière, ce qu'ils n'ont point fait, que je sache.

N'est-il pas plus beau et plus consolant pour les pauvres, de voir ces excommuniés faire l'aumône de bonne volonté, que de voir ce qu'ont fait les privilégiés avant et après eux?

4. Le 25 février 1699, Louis XIV, « voulant don-
« ner aux pauvres quelque part aux *profits considé-*
« *rables* qui reviennent des opéras de musique et
« des comédies qui se jouent à Paris par *sa per-*
« *mission,* ordonne qu'à partir du 1er mars suivant,
« il sera perçu un sixième en sus de la recette au
« profit des pauvres. »

Si les aumônes avaient continué après le rétablissement des priviléges, les comédiens n'auraient pas manqué d'en faire l'observation, et Louis XIV, au lieu de dire qu'il voulait *donner quelque part aux pauvres,* aurait dit qu'il voulait *augmenter la part des pauvres.*

Les privilégiés de 1672 et 1680 ne furent donc pas plus délicats que les Confrères, et cela se comprend : à quoi servirait le privilége? Mais ils poussèrent l'indélicatesse plus loin ; pour se soustraire à cet impôt qui devait être payé par abonnement, savoir : 40,000 liv. par l'Opéra et 25,000 par la Comédie Française, ils augmentèrent le prix des places. C'est pour remédier à cet abus qu'en 1701 l'impôt fut prélevé sur la recette brute; mais le prix des places ne fut point réduit, et les comédiens eurent encore l'effronterie de réclamer. Le président de Harlay répondit à Dancourt, leur avocat : *Nous avons des oreilles pour vous entendre, des mains pour recevoir, mais nous n'avons point de langue pour vous répondre* (1).

Voilà donc l'impôt des pauvres définitivement établi; depuis lors il a subi diverses variations dans le taux et dans la forme, mais il subsiste toujours.

5. On voit par l'ordonnance de 1699 que cet impôt suppose *des profits*. Cela est élémentaire pour tout impôt, chercher à le démontrer, c'est oublier qu'il n'y a pas de pire sourd que celui qui ne veut pas entendre. Mais il ne s'ensuit pas qu'il doive être prélevé sur les bénéfices nets plutôt qu'autrement; les percepteurs de cet impôt ne peuvent ni ne doivent entrer dans ce détail, et s'ils y entraient, ceux qui le demandent seraient les premiers à s'en plaindre.

M. Ed. Fournier a pourtant cherché, après bien d'autres, à prouver que cet impôt doit être prélevé sur les bénéfices nets; pour cela, il s'appuie sur un arrêt du Parlement du 10 décembre 1541. En supposant (ce qui n'est pas) que cet arrêt dise en effet que l'impôt des pauvres sera *prélevé sur le bénéfice des acteurs*, il serait détruit par un autre arrêt du 27 janvier 1542 qui dit que « Ch. Leroyer et ses « consorts sont imposés à 1,000 livres tournois pour « la représentation du mystère de l'Ancien Testa- « ment, dont 500 livres avant de commencer ledit « jeu, et le surplus à la moitié d'iceluy, *suivant ce* « *que par ci-devant a été par ladite cour ordonné*,

---

(1) Inutile de voir si, par exception, cette aumône a profité aux pauvres.

« sauf à ordonner par ci-après de plus grande
« somme. » En même temps, le Parlement fixe le
prix des places à 2 sols par personne, et pas plus de
30 écus pour le louage des loges. (V. Félibien, *op.
cit.*, t. IV, p. 703.)

6. On voit aussi, par l'ordonnance de 1699, que
le droit des pauvres suppose le privilége, *la permission;* d'où il résulte qu'il est légitime le privilége
existant; l'impôt de 1541, celui de 1699, celui de
1809 sont donc légitimes; celui même de la Restauration, bien que le nombre des théâtres soit
porté de huit à vingt-quatre, est encore légitime,
quoi qu'en dise M. Hostein (*Liberté des théâtres*),
car les conditions du privilége sont arbitraires; le
gouvernement est libre d'imposer celles que bon
lui semble, libre à la partie contractante d'accepter
ou de refuser.

7. Mais la suppression du privilége entraîne nécessairement celle de cette redevance, et met le
théâtre de pair avec toutes les autres industries.
Maintenu dans cette condition, il est contraire au
principe même de la constitution, il met le théâtre
en dehors du droit commun.

Les théâtres subventionnés seuls, continuant à
jouir d'une protection spéciale, pourraient être soumis à un retour; mais n'est-il pas absurde de donner la subvention d'une main et de la retirer de l'autre en droit des pauvres? Pourquoi (en supposant
qu'on maintienne les subventions) ne pas subventionner directement les hospices, et réduire d'autant celles des théâtres?

8. Puisque ce droit n'a aucun fondement hors du privilége, voyons donc sur quoi se fondent ses partisans pour le soutenir. Ils disent : — C'est un impôt sur le luxe, sur le plaisir. — Commençons par ne pas confondre ces deux mots *luxe* et *plaisir*. Le luxe, c'est ce qui n'est pas nécessaire à la santé du corps ou de l'âme, comme les vins fins, les bijoux, etc. Le plaisir, c'est la nourriture de l'âme. Le théâtre n'est donc pas un luxe, il est aussi nécessaire, sinon plus, au pauvre qu'au riche. Mais, même en le supposant objet de luxe, pour se conformer au principe de notre droit public, il faut imposer de la même manière tous les objets de luxe, ou supprimer celui du théâtre.

9. A bout de mauvais prétextes, on nous dit : — Ce n'est pas le directeur, mais le public qui paie. — Nous le savons fort bien, c'est précisément pourquoi nous en demandons la suppression ; le public est assez grand pour faire l'aumône tout seul.

Enfin, même en le supposant légitime et profitable aux pauvres, et en admettant que l'assistance publique soit une bonne institution, il faudrait encore le supprimer, le réunir aux autres impôts, afin de diminuer les frais de perception, et subventionner directement les pauvres sur le budget.

CONCLUSION

Voilà quelques-uns des effets de la protection de l'Etat sur les théâtres. Si je n'en donne pas d'autres exemples, ce n'est pas qu'il en manque (on peut voir *l'Académie de musique* de Castil-Blaze), c'est que mon intention est d'indiquer la route, et non de la parcourir. Rien n'est plus facile que d'écrire un gros livre sur une bagatelle, mais rien n'est plus inutile à la majorité du public, qui n'a ni le temps ni la volonté de lire ces gros riens, ce dont je suis loin de la blâmer. Je crois qu'il est temps d'en finir avec ces livres interminables qui bourrent l'esprit et ne le nourrissent pas.

On voit que les effets de la protection sont assez mauvais pour qu'on cherche à y remédier et qu'on fasse l'essai de la liberté, lors même qu'on n'aurait aucune preuve de ses bons effets. S'ensuit-il que l'Etat doive imposer la liberté? Non, la liberté ne se décrète pas; si le gouvernement voulait supprimer les subventions, ceux qui en souffrent le plus seraient les premiers à réclamer; il arriverait ce qui eut lieu sous le ministère de Turgot lorsqu'il voulut supprimer les priviléges : « Le gouvernement offrit
« la liberté, et le commerce la refusa. Le public
« resta indécis. Telle est la force de la routine, et
« tel est l'enivrement que produit le monopole sur
« l'esprit des privilégiés. On en meurt, et on aime

« mieux en mourir que de tomber dans le droit
« commun. » (J. Simon, *le Travail*, p. 105.)

C'est donc au public à faire justice des abus, et pour cela il n'a pas besoin d'abattre les théâtres subventionnés, il n'a qu'à ne plus les soutenir. « Je « ne veux pas que vous le poussiez ni le branliez, « mais seulement ne le soutenez plus. » (La Boétie.)

Lorsque le public abandonnera les théâtres subventionnés qui le font payer bien cher pour l'ennuyer, les directeurs ne tarderont pas à refuser les subventions.

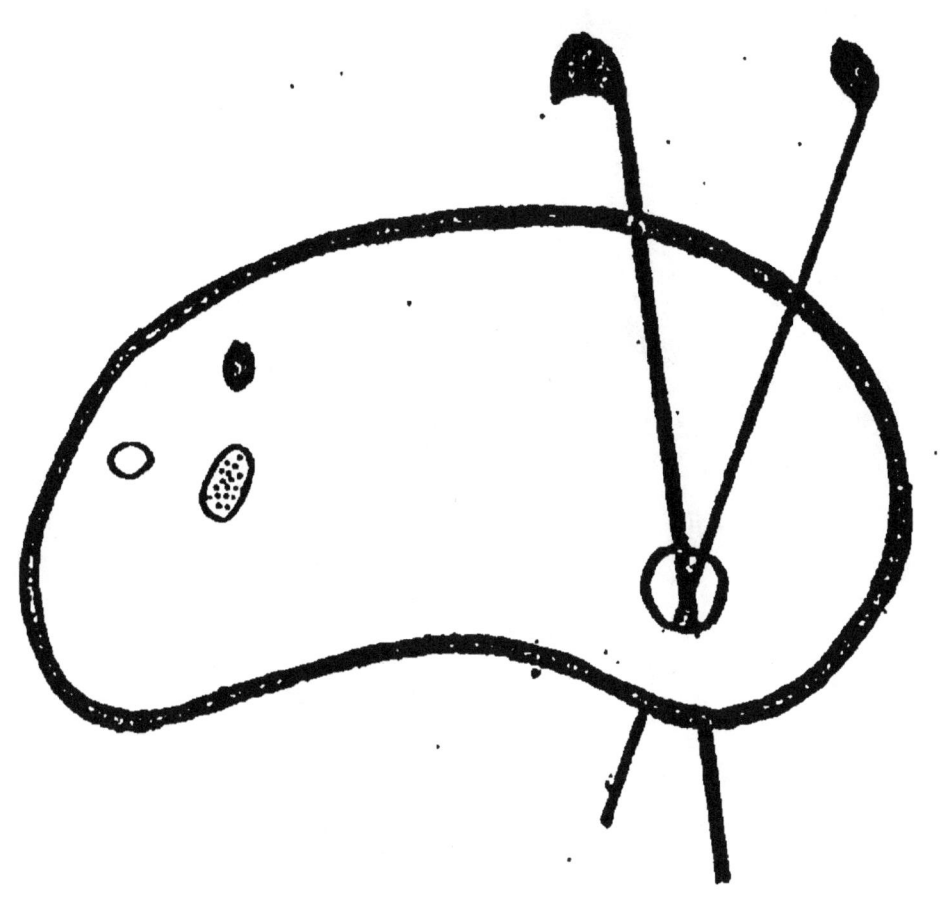

ORIGINAL EN COULEUR
NF Z 43-120-8

www.ingramcontent.com/pod-product-compliance
Lightning Source LLC
Chambersburg PA
CBHW060705050426
42451CB00010B/1284